H

L'ARBRE DE LA VIE

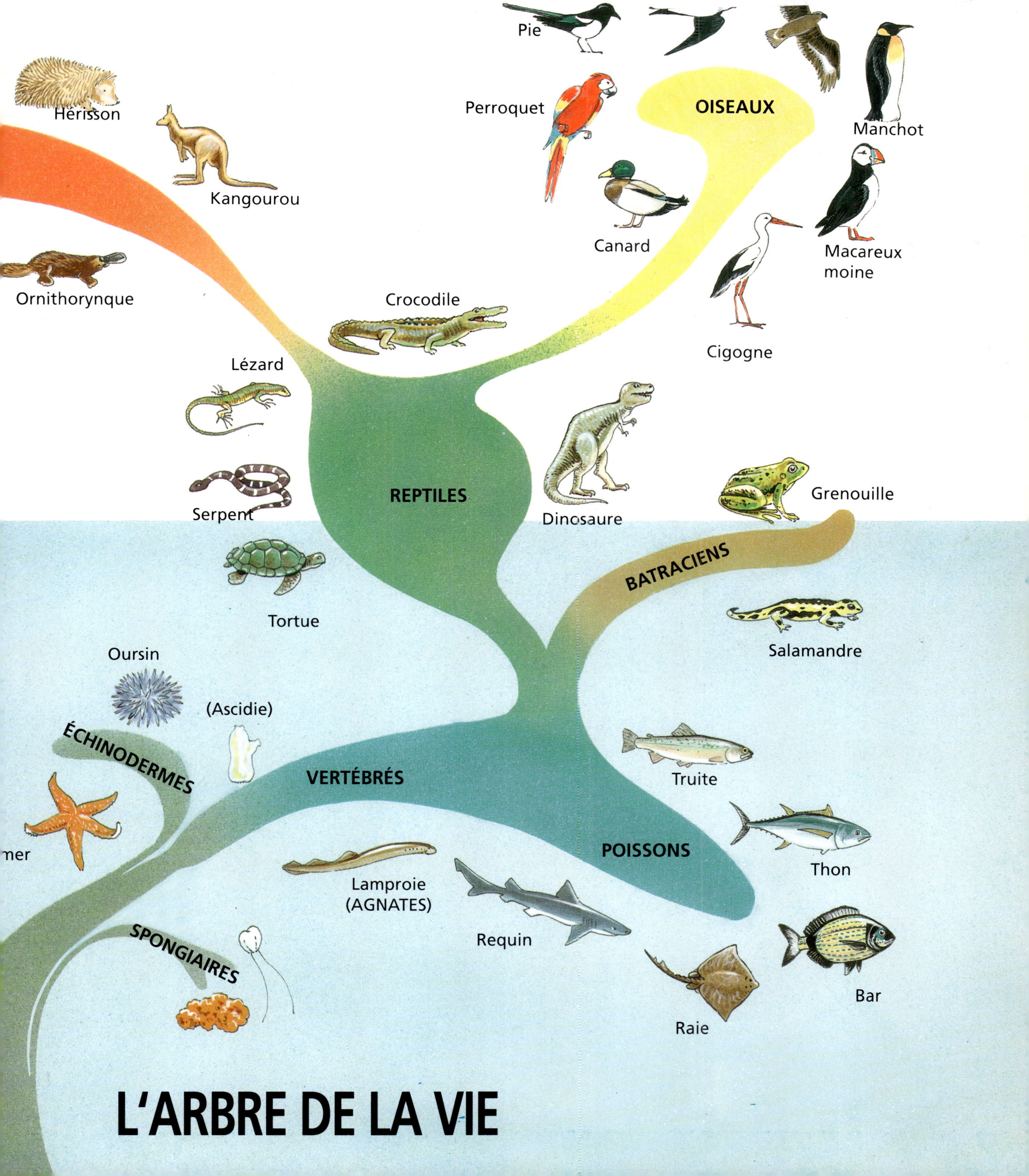

Cher SSSSSylvain,
Pour être un enfant
si gentil et aimer les
serpents. Amitiés à Margarita.
Ta maman
Nésida

le 21 mai 1993

Magnifique,
Margarita pourra tout connaître ... en français.
Alain

ILLUSTRATIONS
Bernard Delanghe

CONSEIL SCIENTIFIQUE
Jacques Delacour

CRÉDIT **P**HOTOS
hors photos J. DELACOUR :
H. SAINT GIRONS : p. 36 (bg).
Agence JACANA :
Y. Lanceau : p. 33 (h), p. 41 (bd) ; M. Denis-Huot : p. 36 (bd) ;
Varin- Visage : p. 37 (hd), p. 38 (hg) ; S. Krasemann : p. 38 (b) ;
Devez-CNRS : p. 38 (md) ; R. König : p. 34 (md), p. 42 (h), p. 45 (md), p. 58 (md) ; Laboute : p. 44 (h) ;
J. P. Ferrero : p. 46 (b), p. 49 (hg) ; B. Mallet : p. 52 (hg) ; Chaumeton : p. 35 (mg).
Agence PITCH :
D. Heuclin : p. 39 (mg).

© 1992 Photos : Jacques DELACOUR
© 1992 Editions MILAN - 300, rue Léon-Joulin, 31101 Toulouse Cedex 100.
Droits de traduction et de reproduction réservés pour tous les pays.
Toute reproduction, même partielle, de cet ouvrage est interdite.
Une copie ou une reproduction par quelque procédé que ce soit, photographie, microfilm ou autre,
constitue une contrefaçon passible des peines prévuespar la loi du 11 mars 1957
sur la protection des droits d'auteurs.
Loi 49.956 du 16.07.1949
Dépôt légal : octobre 1992
ISBN : 2-86726-824-9

Le Grand Catalogue des SERPENTS du monde

Textes de Stéphane Frattini
Photos de Jacques Delacour

MILAN

Comme des lianes vivantes

Au cœur du grand flamboyant, s'est paresseusement lové le boa, enroulant ses anneaux dans un frôlement d'écailles brillantes... Ailleurs, le crotale ondule dans un désert de sable, précédé par son léger bruit de crécelles... Plus loin encore, l'immense anaconda glisse sur les rives boueuses du fleuve Amazone...
Toi, tu connais sans doute mieux la couleuvre à tête ronde, que tu surprends parfois l'été à se chauffer au soleil, et qui disparaît aussitôt dans un bruissement de feuilles sèches...
Passionnants à observer et à étudier, les serpents sont partout, excepté sur le continent Antarctique, et depuis bien plus longtemps que la plupart des autres animaux !
On en compte aujourd'hui près de 2 400 espèces, de toutes tailles et de toutes couleurs. Leur point commun : ce corps insaisissable et lisse, incroyablement souple. Et bien sûr, cette discrétion qui les fait vivre à l'abri du regard d'autrui. Quitte à être considérés à tort comme des créatures du passé, des fossiles dénués d'intelligence. Les serpents sont bien vivants, et se moquent de toutes les légendes qu'ils ont inspirées à l'homme.
Écoute-les siffler doucement : Ssss, Ssss...

Qui sont les serpents ?

Tous les serpents n'ont pas la même écaillure. Cette vipère, par exemple, possède des écailles carénées rugueuses au toucher : un caractère important quand il s'agit de déterminer l'animal !

ANIMAUX AU SANG « FROID »

Reptiles : pour la classification scientifique, ce nom désigne une classe d'animaux vertébrés comprenant environ 6 500 espèces, soit un bon tiers de plus que les mammifères. Ces reptiles, avec leurs regards brillants et leur immobilité de pierre, leurs physiques surgis de la préhistoire, remuent aussi en nous des souvenirs très lointains. Lézards, crocodiles, tortues, et plus encore les serpents figurent dans les plus anciens mythes de l'homme : le serpent du paradis chrétien, bien sûr, mais aussi le serpent à plumes des Aztèques, les dragons d'Orient… Sans oublier le caducée de Mercure, emblème des médecins et des pharmaciens.

Les serpents apparaissent dans de multiples cérémonies à travers le monde. Ici, au Sri Lanka, ils figurent le calme et la sagesse sur les masques de la fête du « Kolam ».

Température ambiante

Appelés aussi ophidiens, les serpents, comme d'autres vertébrés, respirent par des poumons. Leur peau est recouverte d'écailles et la grande majorité d'entre eux est ovipare. Mais la différence la plus importante, c'est qu'ils ne possèdent pas, comme les oiseaux ou les mammifères, de système de régulation thermique. Ils sont hétérothermes, c'est-à-dire capables d'adapter leur température interne à celle qui règne au dehors, tour à tour froids, tièdes ou chauds.

Les écailles de cette couleuvre sont lisses. En touchant un serpent, on a parfois une sensation de froid. C'est simplement parce que la température de l'animal correspond à celle de son milieu ambiant. Ainsi, à l'issue d'un long bain de soleil, son corps sera un peu plus chaud que le nôtre !

Le caducée représentant le serpent d'Esculape (dieu grec de la médecine) est toujours employé de nos jours pour symboliser les professions médicales. Ici, l'emblème d'une pharmacie à Lodève (France).

Des besoins vitaux minimums

Parce qu'ils n'ont pas à entretenir une « chaudière » interne grosse consommatrice d'énergie, les serpents sont capables de vivre avec une ration alimentaire très réduite. Si on les compare avec d'autres animaux, on s'aperçoit, par exemple, qu'un mammifère doit engloutir de 30 à 50 fois plus de nourriture qu'un reptile de même poids ! Cela constitue, tu le devines, un très sérieux avantage quand il s'agit de coloniser une région au climat difficile, où les proies sont trop rares pour pouvoir assurer une source de nourriture régulière.

Le soleil, c'est la vie !

Même lorsqu'il est masqué par un écran de nuages, le soleil parvient toujours à réchauffer de quelques degrés la région qu'il éclaire. Les serpents profitent de son énergie pour activer toutes leurs fonctions vitales. Ainsi, leur digestion ne s'effectue normalement que si leur température est suffisamment élevée. Autrement, la proie peut se décomposer à l'intérieur du serpent qui risque d'en mourir. Alors, quand la température devient vraiment trop basse, certaines espèces préfèrent entrer en hibernation, ralentissant encore leur métabolisme dans l'attente des jours meilleurs.

Les écailles, c'est l'idéal !

Comment faire pour posséder un corps parfaitement lisse et étanche, souple et solide, rêche et glissant à la fois ? Les serpents ont évolué vers la solution la plus adaptée : un corps entièrement recouvert de fines écailles qui se chevauchent comme des petites tuiles. Comme celle de nombreux autres animaux, leur peau se compose en réalité de deux couches principales : le derme et l'épiderme, ce dernier étant lui-même formé de différentes épaisseurs.
La plus externe est entièrement faite de kératine, une matière qui entre aussi dans la composition de nos ongles. Chez les serpents, elle constitue les écailles… Et contrairement à ce que l'on s'imagine souvent, leur peau n'est jamais gluante ni visqueuse. Elle est au contraire parfaitement sèche et propre, souvent très douce au toucher !

Caresser un serpent ? Tout le monde n'oserait pas le faire ! Pourtant, quand on sait distinguer les espèces dangereuses des autres, on peut les prendre dans les mains. Sur ce document, on distingue très bien les écailles ventrales qui permettent à l'animal d'avancer rapidement dès qu'il est en contact avec le sol.

À l'inverse de celles des poissons qui s'arrachent facilement, les écailles des serpents sont reliées entre elles par des tissus plus fins : la peau peut se dilater et se contracter à volonté, en conservant toujours un épiderme souple et régulier. Les écailles constituent aussi un isolant thermique beaucoup plus efficace que les poils des mammifères ou les plumes des oiseaux.

Le crotale des prairies est l'un des serpents dont la répartition est la plus vaste : on le rencontre dans le Nouveau Monde, du sud du Canada au nord du Mexique.

Certains serpents terrestres ne se rencontrent qu'en basse altitude et sur des terrains peu accidentés. Celui-ci vit principalement en plaine.

Dans l'Ancien Monde, la vipère berus vit au-delà du cercle polaire (67° de latitude nord). À cette latitude, le froid ne lui permet d'être active que 3 mois par an.

Très localisée, cette vipère est une espèce montagnarde que l'on ne rencontre que dans le haut Atlas (Afrique du Nord) jusqu'à 3 500 mètres d'altitude.

DEPUIS LA NUIT DES TEMPS

L'âge d'or des reptiles, ce fut bien sûr pendant la préhistoire, entre 190 et 65 millions d'années avant notre ère. Diplodocus, tyrannosaure, ptérodactyle... Tu en as bien sûr entendu parler ! Les serpents, eux, sont apparus il y a environ 135 millions d'années. Eux aussi ont eu leurs « géants » : le plus grand fossile connu, celui du Python gigantophis qui vivait il y a 40 millions d'années en Égypte, mesurait sans doute environ vingt mètres de long !

Des lézards... sans pattes !

Avec les lézards et les amphisbènes, qui ressemblent à de gros vers, les serpents constituent l'ordre des squamates, du latin *squama* signifiant « écaille ».

Apparus après les deux autres catégories, les serpents sont pourtant ceux dont la diversification a été la plus spectaculaire : aujourd'hui, on en distingue plus de 400 genres répartis dans 12 familles distinctes. Une chose est sûre, leurs ancêtres possédaient tous des pattes.

Et si toute trace des pattes antérieures a désormais totalement disparu, certains serpents dits « primitifs » conservent encore les vestiges des membres postérieurs.

Aux quatre coins du monde

Au fil du temps, les serpents, extrêmement adaptables, ont su coloniser tous les biotopes disponibles : on les rencontre aujourd'hui presque partout à travers le monde, mais le nombre d'espèces décroît à mesure qu'on s'éloigne de l'équateur en direction des pôles, jusqu'à l'Antarctique glacial dans lequel aucune ne saurait survivre. Certaines îles n'abritent aucun serpent venimeux. C'est le cas de la Corse notamment. Quant à l'altitude, elle ne rebute pas ces surdoués de l'adaptation. Dans la chaîne Kirghize dans la CEI, la vipère de l'Halys a été observée à 3 200 mètres d'altitude. Et dans la sierra Nevada aux États-Unis, on a même vu des crotales des prairies aux environs de 4 000 mètres !

L'environnement fait le serpent

S'adapter au climat, bien sûr, ne signifie pas pour un serpent modifier quoi que ce soit à l'épaisseur de sa peau : il lui suffira de se glisser dans un abri pour échapper aux températures trop extrêmes. En revanche, les particularités spécifiques de son corps dépendront en grande partie des contraintes de son habitat.

Ainsi, les serpents grimpeurs possèdent une queue préhensile, les serpents terrestres des écailles ventrales plus larges, les serpents marins des flancs aplatis…

Nombreux sont les lézards qui tendent eux-aussi à évoluer en longueur. Certaines espèces dites « serpentiformes » sont même impossibles, pour le non-spécialiste, à distinguer des vrais serpents ! L'orvet, par exemple, est un lézard... sans pattes !

Les serpents arboricoles ne sont pas rares : parfaitement adaptés à leur milieu, ils n'en sortent pratiquement jamais.

Dans les déserts, les serpents comptent parmi les animaux les plus répandus, à cause de leur parfaite adaptation aux conditions extrêmes...

D'autres serpents ont choisi de vivre dans l'eau ou en bordure de celle-ci. Ils sont adaptés à ce milieu et y chassent toutes sortes de proies.

Leur squelette est reconnaissable entre tous, et passionnant à étudier : difficile en effet d'imaginer que les serpents puissent posséder une structure d'os rigides !

DES CORPS TOUT EN LONGUEUR

L'évolution aboutit toujours à un perfectionnement du corps. Ainsi, les organes sont de mieux en mieux adaptés aux conditions particulières d'existence des espèces. Chez les serpents, le processus devait tenir compte de deux impératifs : pouvoir engloutir des proies entières, tout en demeurant capable de se mouvoir assez rapidement. Alors, tandis que disparaissaient les membres et que s'organisait la reptation, les organes internes s'allongeaient et se simplifiaient…

Des vertèbres par centaines

La plupart des espèces de serpents possèdent une colonne vertébrale qui compte au moins 200 vertèbres, et parfois plus du double. Ce qui assure la force et la souplesse de l'ensemble, c'est que chacune d'entre elles est reliée à sa voisine par au moins une dizaine de points d'articulation, eux-mêmes actionnés par un réseau compliqué de muscles. En étant capables de les resserrer ou de les écarter à volonté, les serpents utilisent ces vertèbres mais aussi leurs côtes pour ramper, grimper ou nager ; en les contractant ou les dilatant, ils peuvent ingurgiter des proies largement plus grosses qu'eux. Dans un cas comme dans l'autre, le squelette remplit parfaitement la fonction correspondant aux besoins de l'animal.

Contrairement au lézard, le serpent dispose de mâchoires très souples. La mâchoire inférieure, surtout, est capable d'une extension impressionnante quand il s'agit d'avaler une proie.

Une mâchoire démesurée

La boîte crânienne, elle, est demeurée au fil de l'évolution très dure et compacte, à peine fragilisée par deux ouvertures temporales apparues de chaque côté. Mais cela n'empêche pas les mâchoires d'être extrêmement mobiles : leur partie inférieure se compose de deux branches indépendantes reliées par un ligament très souple. En les écartant largement, le serpent peut avaler sa proie entière, utilisant ses dents comme des crampons pour la faire avancer dans l'œsophage. Ensuite, il ne reste plus qu'à digérer : c'est au tour des organes internes d'entrer en action !

Certains serpents sont mélaniques : les pigments qui colorent normalement leur épiderme disparaissent pour laisser place à un noir uniforme. Les albinos, par contre, sont beaucoup plus rares.

Les articulations de ses vertèbres permettent au serpent de s'enrouler et de se tordre.

Immobile dans son milieu forestier, cette vipère passe facilement inaperçue.

Les couleurs très voyantes de ce serpent des blés en font un des plus beaux que l'on puisse rencontrer. En plus, il est inoffensif !

Des organes en file indienne

Pour compenser le manque de mastication, les intestins et l'estomac des serpents sécrètent des sucs digestifs très puissants. L'estomac s'est, lui aussi, parfaitement adapté à la forme particulière du corps. Très allongé, il se dilate facilement. Le foie et le pancréas ont aussi été étirés en longueur, et le rein gauche a fini par migrer derrière le droit : le principe anatomique de base ne souffre aucune exception à la règle !
Les espèces primitives de boas et de pythons sont les seules à avoir conservé une paire de poumons en état de marche : chez la plupart des espèces, le poumon gauche est soit fortement atrophié, soit totalement absent. Un seul suffit alors à assurer le rôle tenu par une paire chez d'autres espèces. Cela n'empêche pourtant pas les serpents, comme leurs cousins lézards, de posséder une double circulation du sang, avec un petit circuit menant le sang du cœur au poumon, et un plus grand qui le répartit dans le reste du corps.

Trois femelles de vipères bérus, trois colorations différentes ! Pourtant, généralement, les individus d'une même espèce sont presque tous identiques...

L'orifice cloacal se situe sur la partie ventrale à la base de la queue. Certains serpents, comme la couleuvre à collier, possèdent à cet endroit des glandes dont les sécrétions nauséabondes se mêlent parfois aux excréments et à la masse blanchâtre d'acide urique. Un moyen pacifique de se défendre, et de signifier clairement : « N'approche pas ! »

Le langage des couleurs

Aussi redoutables soient-ils, les serpents ne sont pas à l'abri des prédateurs. Pour s'assurer une place durable dans leur milieu biologique, ils doivent user de toutes les astuces possibles. Aussi ont-ils développé toutes sortes de ruses visuelles pour se défendre des uns et attirer les autres, contribuant ainsi à l'équilibre de leur biotope. C'est ainsi que s'est peu à peu constituée la fantastique diversité de motifs et de couleurs qui recouvrent leurs corps, destinés à servir de camouflage ou, au contraire, à attirer vivement l'attention. Le jeune mamba vert, lui, se confond avec les régimes de bananes où il aime se nicher.

Ici, la pupille fendue verticalement (comme celle du chat) correspond à une activité crépusculaire ou nocturne.

DRÔLES DE SENS

Ils entendent tous très mal ; ils ne possèdent aucun membre pour saisir ; certains distinguent à peine la lumière… Et cela n'empêche pas les serpents d'être de redoutables chasseurs, adaptés à tous les milieux naturels ! Leurs secrets ? Un goût et un odorat très développés, une grande sensibilité aux vibrations. Et même, parfois, un organe supplémentaire capable de détecter les rayons infrarouges !

Chez ce serpent arboricole, la pupille est fendue horizontalement, tandis que les côtés de sa tête sont creusés de sillons eux aussi horizontaux. Un « cas de figure » exceptionnel, qui lui permet une vision stéréoscopique.

Les yeux toujours ouverts

Les serpents n'ont pas de paupières ! Celles-ci sont remplacées par une membrane transparente appliquée directement sur la cornée, véritable « lentille de contact » naturelle. La forme de la pupille varie selon les espèces et, en matière d'acuité visuelle, les serpents ne sont pas tous égaux. Les espèces primitives (appelées aussi « serpents aveugles ») distinguent à peine la lumière de l'ombre. D'autres, au contraire, peuvent repérer une proie à plusieurs mètres, en demeurant toutefois plus sensibles aux mouvements qu'aux formes.

Les serpents qui possèdent une pupille ronde ont une activité diurne. Toutefois, l'œil peut avoir une dimension plus ou moins importante, et cela indépendamment de la taille du serpent.

Leurs oreilles sont à l'intérieur

Les oreilles des serpents sont des organes internes souvent très atrophiés, qui ne leur servent pas vraiment à grand-chose. Dépourvues de tympans, elles sont incapables de percevoir les sons transmis par l'air. Mais alors, comment font les charmeurs pour faire onduler les serpents au rythme d'une flûte ? Leur secret : faire bouger l'instrument pour captiver le regard de l'animal. Tout simplement !

Ils tirent la langue sans arrêt !

Très utile pour palper le monde alentour, la langue des serpents a aussi bien d'autres talents ! Lorsqu'on la voit frétiller à toute allure, on pourrait croire qu'il s'agit d'une attitude d'intimidation, encore accentuée par sa forme caractéristique fendue en deux (on dit « bifide »). Mais en réalité, les serpents ont un système d'odorat et de goût bien différent du nôtre, dans lequel la langue joue le rôle principal pour transmettre les informations. Son mouvement de va-et-vient sert à prélever des molécules odorantes, qui sont ensuite ramenées à l'intérieur de la bouche pour être analysées au moyen de l'organe de Jacobson.

Certains « sentent » la chaleur

Certains serpents, pas forcément les plus évolués, sont dotés d'un système sensoriel supplémentaire qui leur permet de « sentir » la chaleur à distance, en détectant les rayonnements infra-rouges. C'est le cas par exemple chez la plupart des boas et des pythons, ainsi que chez les crotales : l'organe consiste en une ou plusieurs paires de fossettes situées le long des écailles labiales ou entre l'œil et la narine. Elles sont plus ou moins apparentes selon les espèces. De même qu'un autre animal oriente ses oreilles en direction d'un bruit, le serpent, grâce à ce système, tourne la tête vers la source de chaleur que ses fossettes ont reperée. La nuit, quand la température ambiante a diminué, sa perception est encore plus précise.

Fossettes thermiques : situées entre l'œil et la narine, photo à gauche (crotale) ou sur les écailles labiales, photo à droite (python). Ces fossettes permettent aux serpents de détecter des variations de température de l'ordre du centième de degré, et même à quelques mètres de distance ! Un moyen idéal pour chasser un mammifère au sang chaud, furetant sans se méfier dans la nuit noire...

L'organe de Jacobson, du nom du scientifique qui a découvert son fonctionnement, est une véritable petite « usine » chimique ! Situé sous la voûte du palais, il comporte deux encoches dans lesquelles viennent parfaitement s'insérer les deux pointes de la langue. Le serpent peut ainsi déchiffrer tous les messages odorants, pour suivre une proie à la trace, localiser un partenaire sexuel, ou simplement explorer le monde environnant...

ORGANE DE JACOBSON

LA VIE EN ONDULANT

Ramper, nager, escalader : pour faire face à toutes les situations, les serpents combinent en général trois modes de locomotion, même si leur corps est plus particulièrement adapté à l'un ou à l'autre. Ils ne sont pourtant pas aussi rapides qu'on pourrait le croire ! Sur la terre ferme, le serpent à sonnettes ne dépasse pas les 3 kilomètres à l'heure…

Quelques-uns vont tout droit…

Très impressionnantes, les grandes espèces comme le boa ou le python ne sont pas les plus rapides ! Ce sont même les serpents qui avancent le plus lentement sur la terre ferme, généralement en ligne droite. Leurs larges écailles ventrales se chevauchent comme des tuiles sur un toit : parfaitement glissantes dans un sens, quand le serpent avance la partie antérieure, elles agrippent le sol dès qu'il s'arrête et s'y maintiennent accrochées tandis que le reste du corps est lentement tiré vers l'avant (schéma 1).

… et les autres de travers

Le procédé de reptation rectiligne convient surtout aux gros serpents, qui n'ont pas grand-chose à redouter. Les autres doivent aller plus vite ! C'est pourquoi beaucoup d'entre eux préfèrent le mode ondulatoire latéral ou « serpentement », qui fait appel à toute la flexibilité de leur corps. Les ondulations partent toujours de la tête vers la queue ; tandis que le serpent se tortille, ses flancs prennent appui sur les aspérités du terrain : c'est ainsi qu'il avance. Mais ce qu'il gagne en vitesse, l'animal le perd en précision. Il intercale donc parfois des mouvements droits, pour conserver une meilleure maîtrise de sa direction.

Dans le sable, c'est spécial !

Les serpents des déserts trouvent facilement des prises dans un sol qui se déforme à volonté. Ils ont pourtant dû développer un moyen original de reptation. Ainsi la vipère cornue avance par mouvements successifs, décrivant un arc avec la partie antérieure de son corps, se déplaçant toujours en diagonale (schéma 2).

La couleuvre à collier, le serpent le plus répandu en Europe, n'est pas strictement un serpent aquatique. Elle passe pourtant de la terre ferme à l'eau sans marquer le moindre temps d'arrêt.

Un corps mince et long correspond en général aux serpents arboricoles. Ils passent ainsi aisément d'une branche à l'autre.

Tout en chauffant une partie de son corps, ce serpent reste tout de même sur la défensive : en cas de danger, il détendra brusquement sa boucle à l'arrière pour se projeter à l'intérieur du terrier.

Lorsqu'ils avancent sur le sable, certains serpents adoptent un mode particulier de déplacement, qui laisse des traces très caractéristiques.

Le déplacement ondulatoire permet au serpent de s'appuyer sur les diverses aspérités du terrain.

Lorsque les aspérités du sol sont peu importantes, le serpent prend appui sur la couverture végétale.

Si le serpent doit grimper le long d'un arbre, ses écailles ventrales vont accrocher les moindres détails de l'écorce. Sa progression est alors beaucoup plus lente...

Dans l'eau ? Comme des poissons

Quelle que soit l'espèce, les serpents aquatiques nagent tous de la même façon : par ondulations latérales, en utilisant la résistance de l'eau comme appui. Certains, comme l'acrochorte de Java, sont capables de plonger et de séjourner longtemps sous l'eau sans respirer. Les serpents de mer, qui doivent affronter un milieu plus hostile, ont subi quelques modifications importantes au fil des millions d'années. Leurs yeux et leurs narines sont situés tout en haut du crâne, afin de pouvoir juste affleurer à la surface. Leur queue s'est allongée en forme de pagaie, pour résister aux courants. La plupart d'entre eux ont d'ailleurs renoncé à la terre ferme, en même temps qu'aux grandes écailles ventrales…

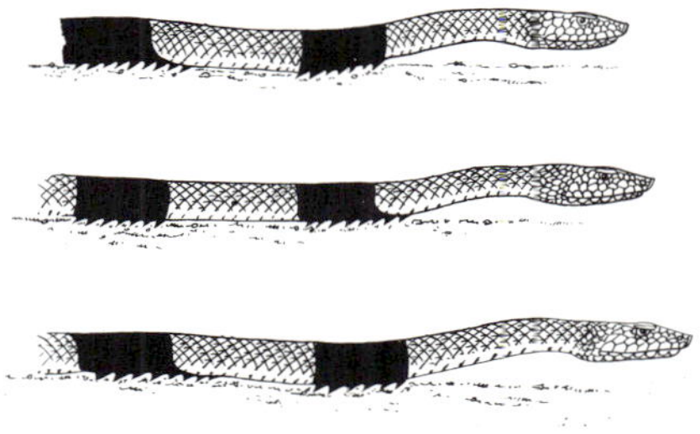

Reptation rectiligne : schéma 1

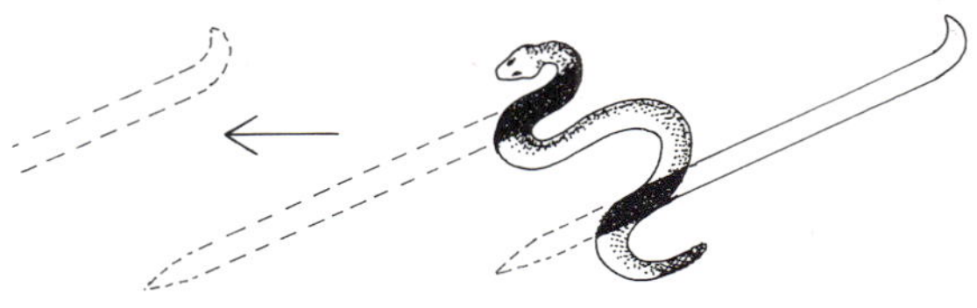

Reptation en diagonale : schéma 2

Dans un arbre ? Comme un singe

Le milieu arboricole abrite des espèces particulières. Avec leur queue fortement préhensile, les serpents s'agrippent aux arbres. Certains sont même capables de grimper « en accordéon » à des troncs très lisses. Pour redescendre, ils se laissent souvent tomber en planant. Leur anatomie particulière permet à ces derniers d'aplatir leur corps entier en écartant largement leurs côtes, avant de se raidir et de se lâcher dans le vide où ils se mettent à planer obliquement.

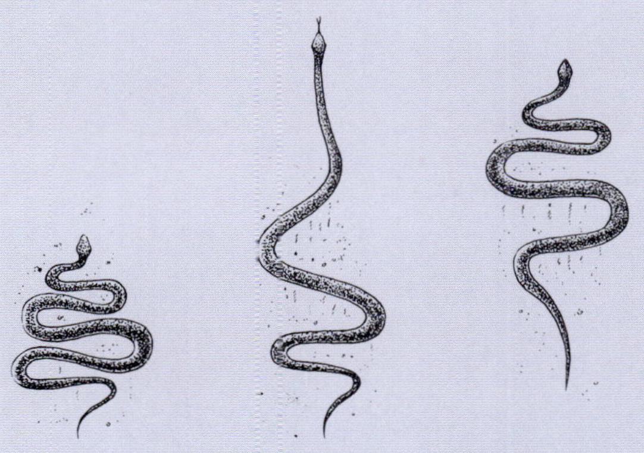

Variante du serpentement : le déplacement en accordéon.
Les anneaux repliés, le serpent prend appui sur sa queue pour avancer. Puis il s'agrippe au sol avec son cou et ramène son corps en pliant à nouveau ses anneaux.

Sur ce crâne de vipère, on distingue bien les crochets fonctionnels (les plus longs) et, derrière, ceux de remplacement. Comme les crotales, les vipères sont solénoglyphes : leurs crochets canalisés et articulés agissent en véritables seringues hypodermiques !

DES ARMES REDOUTABLES

Dressé à la verticale, le cou fortement élargi, le cobra semble énorme et terriblement menaçant… Le crotale, lui, secoue l'extrémité de sa queue où s'entrechoquent des petites couches cornées dans un bruit de crécelle… Tous les serpents ont ainsi des tactiques bien à eux pour décourager l'ennemi de s'approcher. Mais, s'il faut vraiment s'affronter, ils ne se déroberont pas, utilisant alors toutes les ressources de leur corps !

Le serpent à sonnettes possède au bout de la queue un bruiteur qu'il fait vibrer en cas de danger : on peut alors l'entendre à plusieurs mètres.

Une étouffante étreinte

Les boas, les pythons, et tous les grands serpents primitifs font partie des serpents « constricteurs » : ils tuent par étouffement. Le plus difficile est de se glisser silencieusement près de la future victime, avant de fondre sur elle par surprise, en s'assurant immédiatement une prise qui l'empêche de s'enfuir. Puis, tandis qu'elle se débat, le serpent enroule rapidement ses anneaux autour de son corps, jusqu'à ce qu'elle soit complètement prisonnière. Alors, il resserre lentement ses anneaux au niveau de la poitrine et du cou, en une étreinte s'achevant par un dernier soubresaut…

N'est pas venimeux qui veut !

Le venin est apparu relativement tard dans l'évolution des ophidiens : cela explique que parmi les espèces concernées (on en recense environ 420) toutes ne soient pas capables d'exploiter pleinement les effets de cette arme terrible. L'appareil venimeux comprend en effet deux éléments distincts : des glandes salivaires modifiées, qui produisent le poison, et des dents spéciales appelées « crochets » servant à injecter le venin. Seules les espèces possédant l'appareil complet sont réellement dangereuses : les autres se contentent, pour se défendre, de mordre avec des dents ordinaires sans réel danger pour l'homme.

Quelle que soit l'espèce, les crochets (ici enfermés dans leur gaine) repoussent sans cesse tout au long de la vie de l'animal. Ainsi, chez un même serpent, on en trouve souvent une deuxième ou même une troisième paire, prêtes à prendre la relève…

Des crochets plus ou moins évolués

Certains serpents, comme la majorité des couleuvres, ont une salive toxique, mais aucun crochet pour l'inoculer. Ce sont les aglyphes, à dents pleines. Puis viennent les opisthoglyphes, qui portent à l'arrière des mâchoires supérieures deux crochets munis d'un large sillon par lequel s'écoule le venin. Les espèces plus venimeuses comme les mambas ou le serpent corail sont, eux, protéroglyphes : leurs crochets, situés à l'avant de la gueule, présentent un sillon presque fermé canalisant le venin.

Bien qu'inoffensive, cette couleuvre se dresse pour faire face au danger.

Menacée, cette couleuvre à collier fait la morte. Quel intérêt pour un prédateur ?

L'art de bien mordre

Pour pouvoir inoculer son venin (jamais toute sa réserve et souvent beaucoup moins), le serpent doit projeter brutalement sa tête en avant, la gueule largement ouverte. Les crochets sortent alors de leur gaine. Ils s'enfoncent dans la chair de la proie ou de la victime, tandis que le venin s'écoule par les canaux. Tout cela se déroule en une fraction de seconde, à peine… Ainsi, rapide comme l'éclair, le serpent à sonnettes parvient malgré tout à injecter à la proie la dose de venin mortel. Ensuite, il s'immobilise en attendant que sa proie meure. Avec sa langue, il retrouvera vite la trace de sa victime, avant de l'avaler.

L'attitude du cobra est bien connue : il dresse la partie antérieure de son corps, les muscles tirent sur les côtes (très mobiles à cet endroit), formant cet aplatissement caractéristique qu'on appelle « le capuchon ».

Attention, poison violent !

Le venin lui-même varie grandement selon les espèces de serpents. Ce liquide plus ou moins foncé, composé très complexe de protéines et d'enzymes, contient différentes toxines, qui agissent à divers niveaux. Celui d'un élapidé, par exemple, bloque la transmission des impulsions nerveuses aux muscles, entraînant une paralysie rapide de la victime. Celui de la vipère va s'attaquer à la circulation sanguine, provoquant une hémorragie interne, une nécrose ou la décomposition des tissus !…
Parfois, le venin est simplement dissuasif. Ainsi, le cobra cracheur est capable de projeter le sien dans les yeux d'un ennemi à trois mètres de distance…

En le rencontrant au coin d'une dune, on pourrait prendre peur ! Pourtant, ce serpent du désert est sans danger pour l'homme. Il ne fait qu'imiter le cobra…

Ne possédant pas de venin, cette couleuvre va lentement étouffer sa proie au moment de l'ingestion. Qu'on la dérange à cet instant et elle la régurgitera précipitamment. Si la victime n'est pas encore morte, peut-être aura-t-elle même encore la force de s'enfuir…

Pas toujours évident de trouver de quoi boire ! Aussi, lorsqu'il pleut et qu'il ne fait pas trop froid, les serpents sortent pour récolter l'eau tombée sur la végétation, ou même parfois sur leur propre corps !

Après avoir avalé une proie, le serpent dilate son corps, et ses écailles sont souvent complètement séparées les unes des autres. Un repas copieux prend du temps à être digéré. À ce moment-là, le serpent est particulièrement vulnérable.

Ce serpent liane se nourrit principalement de lézards. Il possède des crochets à venin dont l'un est bien visible sur la mâchoire supérieure, à l'avant de l'œil.

EXCLUSIVEMENT CARNIVORES !

De quoi se nourrissent les serpents ? S'il fallait dresser une liste, elle ressemblerait à une encyclopédie animalière : les boas et les pythons préfèrent les mammifères, de la souris jusqu'au cerf… Certains mangent exclusivement des grenouilles ou des poissons, des limaçons ou des escargots, des sauterelles, des chenilles, des serpents ou des oiseaux… Une chose demeure certaine : on n'a encore jamais vu un serpent manger un brin de verdure. À croire que celle qu'ils trouvent dans l'estomac de leurs victimes leur suffit amplement !…

Toujours en chasse

Malgré leurs faibles besoins alimentaires, la plupart des serpents consacrent une partie de leur activité à la recherche de nourriture. Mais jamais à l'aveuglette ! Chaque espèce dispose de moyens sensoriels particuliers qui lui permettent de détecter tel ou tel type de proie. Les acquis de l'expérience comptent peut-être aussi : les serpents diurnes chassent à vue, les nocturnes font appel à leur odorat subtil ou à leurs fossettes thermosensibles pour localiser une proie, les serpents fouisseurs « écoutent » avec leur ventre les vibrations du sol…

Mastiquer ? Pour quoi faire ?

Les dents des serpents, fines et nombreuses, sont de simples cônes pointus tournés vers l'intérieur de la bouche. Elles ne servent jamais à mâcher, mais permettent seulement à l'animal de maintenir la proie pendant qu'il l'avale. Le serpent commence généralement par engloutir sa victime par la tête, en opérant un ingénieux mouvement alterné des mâchoires. Les os de la mâchoire supérieure sont capables de mouvements considérables vers l'avant ou l'arrière, tandis que les deux demi-mâchoires inférieures peuvent être fortement écartées. Ainsi, la tête du serpent « avance » littéralement sur la proie, jusqu'à ce que celle-ci ait atteint l'œsophage. Après quoi, des contractions musculaires la poussent jusque dans l'estomac.

Le « cas » du mangeur d'œufs

Les rachiodons mangeurs d'œufs, qui vivent en Afrique, ont des dents minuscules, mais leur bouche incroyablement extensible leur permet d'avaler des œufs entiers ! Quand un œuf est bien à l'abri à l'intérieur du pharynx, le serpent contracte et relâche alternativement ses muscles du cou, produisant un mouvement de va-et-vient. L'œuf se trouve ainsi frotté contre des excroissances vertébrales en forme de dents. Petit à petit, la coquille est sciée en long jusqu'à ce qu'elle éclate, et son contenu se répand dans l'estomac du serpent, qui n'a plus qu'à vomir la coquille…

À l'intérieur, on élimine !

Comme tu le sais, la chaleur accélère la digestion des serpents, alors que le froid la ralentit dangereusement. C'est pourquoi le venin contient souvent des ferments et une matière appelée « kinase », destinés à préparer la proie pour mieux la digérer ensuite. Parallèlement, les sucs digestifs particulièrement actifs compensent l'absence totale de mastication. Ils sont si puissants qu'une proie dévorée laisse bien peu de déchets : quelques résidus de calcaire provenant du squelette, quelques poils ou quelques plumes…

Et la soif alors?

Les besoins en eau des serpents sont bien moins importants que ceux des animaux à sang chaud. D'une manière générale, on estime qu'ils absorbent un dixième de la quantité de liquide nécessaire à un mammifère de même taille. Ils perdent en effet très peu d'eau, ne l'éliminant que lors de la respiration et des excrétions. Lorsque le besoin s'en fait sentir, les serpents s'abreuvent en plongeant la tête dans un étang ou un ruisseau, et en buvant à grandes gorgées. Simple et efficace…

Ce lézard furetait de ci, de là, à la recherche de ses insectes favoris... mais le serpent des sables a été plus rapide ! Tu peux voir sur cette série de photos toutes les différentes phases de l'action, depuis la capture jusqu'à la complète ingestion...

Lorsque le serpent saisit un poisson, il s'efforce de le sortir de l'eau, pour que celui-ci s'asphyxie et perde ainsi toute résistance...

Certains serpents mangent d'autres serpents : on les appelle « ophiophages », et il leur arrive de consommer des proies presque aussi longues qu'eux-mêmes !

LA VIE DES SERPENTS

Incapables de maintenir en eux une température constante, les serpents doivent parfois connaître de longues périodes de vie « suspendue », bien à l'abri dans un recoin tranquille. Mais leur patience est largement payée de retour : on estime en effet qu'avec son rythme plus lent un serpent vit beaucoup plus longtemps qu'un mammifère ou un oiseau de même taille !

Cette vipère arboricole est exclusivement nocturne, quelle que soit la saison. D'autres serpents qui se rencontrent la nuit en période chaude peuvent devenir crépusculaires, voire même diurnes quand le climat se rafraîchit.

C'est le climat qui décide...

La pleine activité des serpents s'étend sur des périodes très différentes à travers le monde. Dans nos régions tempérées, l'année commencera avec la fonte des neiges du printemps, et s'achèvera au milieu ou à la fin de l'automne ; sous un climat tropical, le début de la saison des pluies marquera le temps du réveil. C'est à ce moment-là qu'on peut observer de véritables colonies de serpents, qui auront passé la mauvaise saison serrés les uns contre les autres, avant de se disperser à nouveau…

Le serpent ratier indien ne se montre que pendant la journée. Il demeure immobile pendant de longues heures mais, ne s'exposant que partiellement au soleil, il parvient à conserver une température toujours constante...

Dans l'Yonne, ces animaux en hibernation ont été déterrés lors d'un terrassement en plein hiver. On reconnaît plusieurs espèces : vipère aspic, couleuvre d'Esculape et couleuvre verte et jaune. Parfois, des lézards et même des amphibiens se joignent aussi aux serpents. Dans le sommeil, plus d'ennemis !...

Une peau toujours « neuve »

Tu as peut-être déjà trouvé une mue, au cours d'une promenade à la campagne. De loin, on dirait parfois un serpent immobile ; puis en s'approchant, on découvre qu'il s'agit seulement d'une peau abandonnée, translucide et sèche, légère comme une feuille morte ! Les serpents possèdent ainsi la faculté extraordinaire de renouveler leur peau tout au long de leur vie. Sous l'effet d'un processus hormonal, la partie cornée superficielle se détache de la couche nouvelle, et l'animal se dégage du « fourreau » jusqu'à le retourner comme un gant, en se frottant contre des pierres ou des branches.

Un rythme très lent

Tandis que la longévité d'un serpent moyen peut atteindre une vingtaine d'années, on a vu des boas constricteurs vivre 30 ans et plus en captivité, à l'abri de toute agression extérieure. Leur croissance s'est aussi adaptée au métabolisme lent des serpents : ils grandissent par « à-coups », en fonction de la température et de la nourriture disponible. Contrairement aux humains et à la plupart des autres animaux, les serpents poursuivent leur croissance jusqu'à leur mort.

Et pendant la journée ?

Quelques serpents sont strictement diurnes ou nocturnes, mais bon nombre sont aussi actifs à n'importe quel moment. Quand ils ne chassent pas, ils passent leur temps à se reposer, changeant fréquemment d'endroit pour maintenir en eux la température idéale. Au début de la matinée comme en fin d'après-midi, ils se mettent en quête des rayons du soleil pour se réchauffer. En revanche, au milieu de la journée, ils s'abritent sous les pierres ou au creux des buissons ; les espèces aquatiques entrent dans l'eau. Le principal étant de ne jamais descendre plus bas que 0° ou monter plus haut que 46°. Ce sont les températures extrêmes que peuvent généralement supporter les serpents !

Ces images des faces dorsale et ventrale de l'exuvie d'une vipère aspic, montrent bien l'écaillure, qui a une forme et une disposition bien précise pour chaque espèce. Utile pour identifier un serpent, même si l'on ne dispose que d'une exuvie abandonnée comme une vieille chaussette !

Au moment venu, le serpent frotte d'abord ses écailles labiales jusqu'à ce que celles-ci se décollent. Ensuite, la vieille peau se retirera comme un collant, en se déroulant à l'envers !

Au moment de la mue, le serpent cesse de s'alimenter, et ses yeux deviennent opaques et laiteux tandis que sa peau morte se décolore. En tout, le processus complet de la mue dure de 10 à 20 jours, mais quand il s'achève, l'animal se débarrasse de sa vieille peau en moins d'une heure !

Tentative d'accouplement chez la vipère berus; le mâle est facilement reconnaissable à son dessin noir sur un fond plus clair.

Chez certaines espèces, mâle et femelle se ressemblent tellement qu'on a longtemps confondu les rivalités amoureuses des mâles avec des danses nuptiales. Ici, le dimorphisme sexuel est bien apparent (couple de vipères aspic). En dehors de la période de reproduction, ces animaux solitaires préfèrent s'ignorer...

REPRODUCTION SANS ÉMOTION

Mâle ou femelle ? Difficile de les distinguer, car les serpents adultes se ressemblent comme deux gouttes d'eau... Eux seuls savent s'y retrouver. Ils disposent d'un langage chimique très perfectionné qui leur signale le moment propice à la reproduction. Un événement pas très fréquent, pour des animaux moins prolifiques qu'on ne le croit...

L'importance des saisons

Dans nos régions tempérées, c'est généralement dès la sortie de l'hibernation que les serpents s'accouplent. Dans les pays tropicaux en revanche, les femelles peuvent pondre deux fois par an, parfois même... sans avoir rencontré de mâle !
Au moment de l'accouplement, en effet, certaines mettent en réserve une partie de la semence du mâle dans un endroit spécial de leur oviducte (appelé « spermathèque »), où elles la conservent plusieurs mois, voire plusieurs années...

L'observation d'un couple dans la nature est toujours exceptionnelle, car la période de reproduction ne dure pas très longtemps.

Ils se trouvent... à l'odeur

Une femelle prête à se reproduire porte dans son oviducte des œufs matures, pouvant être fécondés. Ses glandes sécrètent alors une odeur particulière, véritable « message » chimique, que les mâles repèrent vite grâce à leur organe de Jacobson. Aussitôt, ils se métamorphosent, entrant en compétition avec leurs congénères pour conquérir la femelle. On assiste alors à d'étranges combats : dressés en l'air, corps enchevêtrés, les mâles s'efforcent de clouer au sol la tête de l'adversaire, tout en relevant la leur. Celui qui perd l'équilibre a perdu !

Chez les serpents ovovivipares, les nouveaux-nés restent groupés très peu de temps. La mortalité des jeunes est très importante, car pour eux, la nourriture n'est pas toujours accessible, et de nombreux prédateurs les guettent.

La plupart des espèces pondent de 5 à 10 œufs. Parfois, on en compte pourtant 30 à 50 et même plus ! Très différents de ceux des oiseaux, ils possèdent une coquille souple, résistante, semblable à un vieux parchemin. L'endroit où ils sont déposés, doit être bien choisi. Si l'air est trop sec, les œufs se dessèchent, s'il est trop humide, ils pourrissent.

L'accouplement

Tout concurrent éloigné, le mâle vient ramper à côté de la femelle en frottant sa tête contre son dos, tandis que son corps est secoué d'ondulations convulsives. Si elle l'accepte, elle relève la queue, dévoilant son cloaque où débouchent les conduits génitaux. Le mâle, qui possède deux pénis (les « hémipénis »), n'en utilise qu'un à la fois. L'accouplement dure de dix minutes à... vingt-quatre heures ! Pour que la femelle ne se lasse pas, les serpents primitifs utilisent leurs « éperons », vestiges des membres postérieurs, pour gratter sa région cloacale. Chez les espèces évoluées, d'autres immobilisent leur partenaire en lui enserrant le cou avec leurs mâchoires, risquant parfois de la blesser.

Des œufs très robustes

Chez les ovipares, plusieurs semaines après l'accouplement, la femelle cherche un lieu où déposer ses œufs jusqu'au terme de leur développement. Lorsqu'elle a déniché un endroit propice, le cœur ramolli d'une vieille souche ou un abri sablonneux sous un rocher... elle les abandonne. Chez certaines espèces, comme le cobra royal, la femelle s'enroule autour de ses œufs, afin de les protéger contre les ennemis. Mais de tous les serpents, seul le python indien « couve » réellement ses œufs, sa température augmentant lorsqu'il s'enroule autour d'eux.

Certains naissent « vivants »

Si la grande majorité des serpents pondent des œufs, un certain nombre de vipères, de couleuvres et quelques autres espèces, sont vivipares ou ovovivipares. Cela signifie que les jeunes naissent vivants, le développement des œufs ou des embryons se déroulant entièrement à l'intérieur du corps maternel. Ainsi, les serpents de mer n'ont même pas besoin d'accoster sur la terre ferme au moment de la mise au monde : les petits se mettent à nager aussitôt après la naissance...

Petit serpent est déjà grand...

Les serpenteaux qui sortent de l'œuf n'ont pas droit à plus d'attention que les autres. Ils cassent la coquille qui les entoure, avec la « dent de l'œuf », une petite excroissance dure située à l'extrémité du museau. Ensuite, pas question de se réfugier contre leur mère : elle est déjà loin ou les ignore complètement. Le petit serpent devra se débrouiller seul, sans autre apprentissage de la vie que ses mécanismes héréditaires. Aucune inquiétude à avoir ! S'il naît en automne, par exemple, il entrera aussitôt en hibernation sans absorber la moindre nourriture jusqu'au printemps. Après tout, il a la vie devant lui...

En apprenant à mieux connaître les serpents, on apprend aussi à maîtriser sa peur, ce qui permet d'éviter les accidents. Guidée par un adulte compétent, cette enfant s'est familiarisée avec une couleuvre d'eau.

SERPENTS, PAS ENNEMIS !

Les serpents ont plutôt mauvaise réputation, inutile de le nier. En réalité, on les connaît souvent bien mal... Si certains peuvent être très dangereux, ils sont loin d'être les plus nombreux, surtout en Europe ! Et quelle que soit l'espèce, tous jouent un rôle important dans l'équilibre naturel. Alors, mieux vaut d'abord s'informer calmement. Les serpents vivent partout autour de nous, et c'est à cause de leur grande discrétion qu'ils sont toujours si nombreux aujourd'hui.

Prédateurs...

S'ils se nourrissent exclusivement d'autres animaux, les serpents n'ont pas de gros besoins alimentaires. Les proies qu'ils prélèvent dans la nature ne mettent aucun biotope en danger, au contraire ! Ainsi, certaines couleuvres qui se nourrissent habituellement d'oiseaux ou de lézards se mettent à chasser en priorité de petits mammifères comme les souris ou les mulots lorsque ceux-ci sont en surnombre.

... et proies !

Les serpents sont aussi des proies idéales.
Les rapaces et les petits mammifères carnassiers en raffolent. Le danger vient parfois d'encore plus près : de nombreux serpents, volontiers « ophiophages », s'attaquent à d'autres espèces plus petites ou plus lentes... Autre danger non négligeable : la mortalité causée par les variations de température et parfois par la disette. Comment s'étonner, dès lors, que sur une portée de 10 à 20 animaux, 2 ou 3 seulement en moyenne franchissent le cap de leur première année !

La protection des serpents (même venimeux) commence à se mettre en place, comme en témoigne ce panneau dans un parc de l'ouest Américain.

En mangeant les rongeurs, les serpents contribuent à l'équilibre de la nature.
Ceci est bien utile, notamment dans les champs de céréales, où pullulent souvent mulots et rats des moissons.

La vipère de Wagner risque de connaître le destin d'une étoile filante. Découverte en 1984 seulement, elle vit uniquement dans une vallée de l'est de la Turquie, et sa rareté en a fait un objet de trafic intense. Actuellement, une vipère vivante se négocie autour de 7 000 F !

Couleuvre verte et jaune dévorée par un rapace.

La loi française dit précisément : « Interdiction de détruire ou d'enlever des œufs ou des nids, de détruire, de mutiler, de capturer ou d'enlever, de naturaliser, et qu'ils soient vivants ou morts, de transporter, de colporter, d'utiliser, de commercialiser les espèces suivantes... ». Par contre, il n'est pas interdit de... les admirer ! Pourquoi les tuer à coups de cailloux?

Quel danger pour l'homme ?

Selon les statistiques de l'Organisation Mondiale de la Santé, chaque année, les morsures de serpents sont responsables de 30 000 à 40 000 décès dans le monde ! Ce chiffre terrible recouvre une réalité profondément inégale : les neuf dixièmes des victimes font partie des peuples de bergers ou des populations agricoles du sud-est de l'Asie, de l'Afrique de l'Ouest, et de certaines régions d'Amérique tropicale. Ces pays, souvent très pauvres, disposent rarement d'une couverture médicale satisfaisante. Les personnes qui y vivent, mal ou pas du tout protégées, sont souvent éloignées les unes des autres. Et, comble de malchance, le climat qui y règne est propice aux serpents les plus venimeux : vipère des pyramides, naja, vipère fer-de-lance, bungare... En Europe, on compte plusieurs espèces de serpents venimeux. Le nombre de morsures est peu important et le taux de mortalité faible. **En cas d'accident :** rester calme et se faire conduire le plus vite possible vers un centre médical.

Les prédateurs des serpents sont nombreux. Ici, le varan du désert attaque une vipère à cornes.

Une loi sévère

Les serpents sont souvent menacés par les hommes. Capture d'animaux vivants, chasse pour la peau... l'exploitation commerciale menace de nombreuses espèces. La huitième convention sur le commerce international des espèces menacées (CITES), réunie en mars 1992 à Tokyo, a permis de faire le point sur la situation des serpents. Sur le territoire français, on a étendu les mesures de protection à 8 espèces de couleuvres et à 2 de vipères. Au *Journal Officiel des communautés européennes*, 10 pythons et cobras, ainsi que la vipère d'Orsini, ont été classés à l'annexe 1 de la CITES ; leur commerce est strictement interdit et réprimé par la loi. D'autres serpents, classés à l'annexe 2, font l'objet d'un contrôle par les pays exportateurs. Ce sont par exemple le boa constrictor, le serpent mangeur d'œufs, le naja des Indes et le cobra royal... Mais là, des abus sont parfois constatés, certains serpents vivants se négociant très cher, pour le plaisir d'« amateurs » inconscients.

Les hérissons consomment occasionnellement des serpents. Ce hérisson à grandes oreilles a été photographié en Iran.

Le tour du monde des serpents

Depuis les créatures archaïques semblables à de gros vers, creusant aveuglément leurs galeries sous la terre, jusqu'aux souples couleuvres aux corps « parfaits » qui savent ramper, nager, escalader, les serpents du monde dessinent sous nos yeux l'une des plus formidables histoires de l'évolution animale.
Accorde-leur toute ta curiosité : si, au premier regard, tu peux penser qu'ils se ressemblent tous, tu vas très vite découvrir un univers incroyable de camouflages et de ruses, de couleurs et de formes jamais vraiment choisies au hasard...
Alors, en route pour le grand tour du monde des serpents !

Note : dans les pages qui suivent, nous avons employé le code suivant :
▲ serpent inoffensif ; ▲ serpent venimeux ; ▲ serpent mortel.

La classification des serpents

Chez les serpents, on distingue quelques 2 400 espèces différentes !
Alors, pour obtenir une vue d'ensemble, mieux vaut s'arrêter aux 12 familles, regroupées en trois grands groupes... Nous avons attribué une couleur à chaque famille pour que tu retrouves plus facilement l'individu que tu cherches.

PREMIER GROUPE :

Serpents aveugles, les « souterrains »

On réunit sous ce terme 4 familles de serpents fouisseurs au corps plutôt rudimentaire. Ils possèdent des vestiges de membres postérieurs et de ceinture pelvienne. Solidement soudés, les os de leur crâne leur permettent de creuser le sol à coup de tête pour y dénicher une pitance, de termites, de larves et d'autres insectes. Ils n'ont pas toujours beaucoup de dents, leurs yeux sont minuscules, et les écailles de leur ventre ne sont pas différentes de celles du reste du corps. Enfin, toutes ces espèces sont ovipares.

1ère famille :

Les serpents aveugles véritables (*Typhlopidae*). Ils comptent environ 163 espèces réparties en 3 genres. Leurs yeux, minuscules et dégénérés, sont recouverts d'une écaille cornée parfois translucide, et parfois complètement opaque !

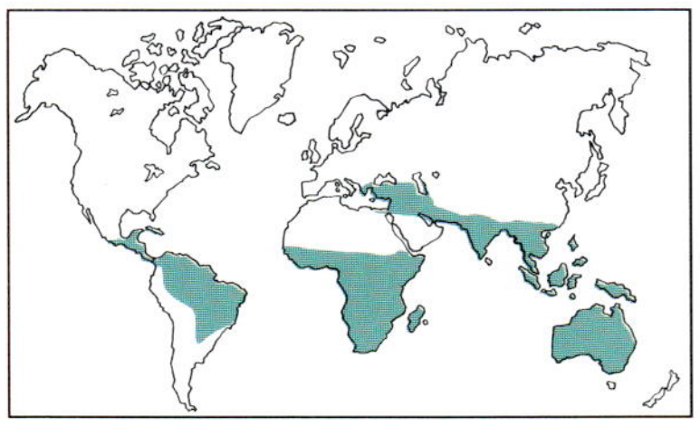

2e famille :

Les serpents fuseaux (*Leptotyphlopidae*). Semblables à de gros vers, ils regroupent 78 espèces. On distingue 2 genres. La taille de leur bouche est relativement réduite par rapport à celle de beaucoup d'autres serpents, mais ils n'ont jamais besoin de l'ouvrir très grande, car ils ne mangent que de petites proies (vers de terre, insectes, larves).

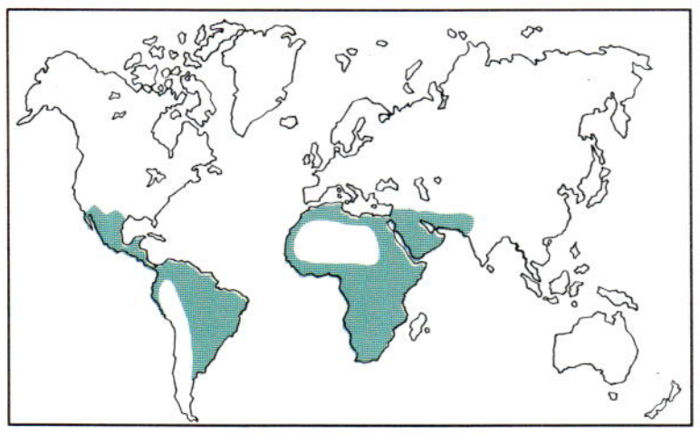

3e famille :

Les serpents à queue armée, (*Uropeltidae*). Ils ne se rencontrent qu'en Inde et sur l'île de Sri Lanka. Leur nom provient de leur queue, dont le dessus est souvent recouvert d'une grande écaille cornée.
Mais attention ils sont difficiles à voir !
Ces serpents vivent en effet sous terre, dans des galeries peu profondes qu'ils creusent à coups de tête, en s'arc-boutant aux parois.
Totalement inoffensifs pour l'homme, ils se nourrissent surtout de vers de terre et de larves.
Il existe 44 espèces de serpents à queue armée, réparties en 8 genres.

4e famille :

Les anomalépidés (*Anomalepidae*). Au nombre de 20 espèces et regroupées en 2 genres, ils vivent en Amérique centrale ou du Sud. Très discrets, ils n'apparaissent que rarement à la surface du sol.
Ils sont proches des serpents aveugles et des serpents-tubes : leur queue est courte et leur tête guère différente du reste du corps.
Les scientifiques ne les connaissent pas très bien. On sait qu'ils se nourrissent de fourmis, de termites et parfois de petits invertébrés.

DEUXIÈME GROUPE :

Serpents primitifs, les « étouffeurs »

Ici aussi, on trouve quatre familles. Conservant de nombreux traits qui les rattachent à leurs ancêtres, ces animaux possèdent des vestiges de membres postérieurs et utilisent encore deux poumons. Leurs écailles ventrales ne sont pas très larges, et ils n'ont pas de venin, se contentant de tuer leurs proies par constriction. Les serpents primitifs peuvent être terrestres, aquatiques ou arboricoles. Ils comptent dans leurs rangs les plus grandes espèces du monde !

5e famille :

Les boas (*Boidae*). Répartis en 12 genres, ils constituent une famille de 39 espèces, pour la plupart bien connues : l'anaconda, le boa constricteur, le boa des sables... Leur corps est souvent mince, avec une longue queue. Toutes les espèces sont vivipares, et la plupart sont dotées de fossettes permettant de détecter la chaleur.

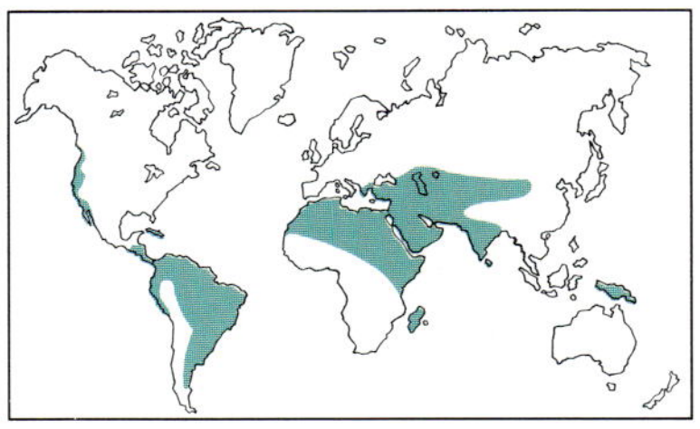

6e famille :

Les pythons (*Pythonidae*). Ils rassemblent 27 espèces, réunies en 9 genres. On les rencontre souvent dans ou au voisinage de l'eau, mais ils passent aussi une grande part de leur temps dans les arbres, certains possédant même une queue préhensile. Tous sont ovipares, et ils se nourrissent essentiellement d'oiseaux et de mammifères. Comme les boas, ils ont des fossettes thermiques. Le **serpent arc-en-ciel** (*Xenopeltis unicolor*), qui doit son nom à ses écailles lisses d'un bleu iridescent, est lui aussi souvent classé avec les pythons, bien qu'il constitue à lui seul une famille à part.

7e famille :

Les serpents-tubes (*Aniliidae*).
Ils regroupent 11 espèces en 3 genres, leur corps est généralement rouge et noir.
L'espèce la plus connue est le faux serpent corail. Tous sont d'excellents fouisseurs parfaitement adaptés à la vie souterraine. Ils se nourrissent de petits vertébrés. Leurs yeux, minuscules et rudimentaires, sont masqués par des écailles. Pour décontenancer leurs prédateurs, il leur arrive d'enfouir leur tête dans la vase et d'agiter la queue !

8e famille :

Les tropidophidés (*Tropidophidae*).
Ils regroupent 22 espèces.
Ils ne possèdent qu'un seul poumon. Ils peuplent surtout différentes îles de l'archipel des Antilles et de l'océan Indien. L'île Maurice en comptait autrefois 2 espèces qui ne se rencontrent plus désormais que sur une petite île voisine, l'île ronde. Leur corps ressemble à celui d'un boa primitif, tandis que leur tête est recouverte d'écailles comme chez les serpents évolués...
On déniche ordinairement sous les rochers et les vieilles souches ces animaux aux mœurs secrètes, essentiellement diurnes, se nourrissant surtout de lézards et de petits mammifères.

TROISIÈME GROUPE :

Serpents évolués, les « venimeux »

On les appelle aussi « serpents modernes », car leur anatomie est bien plus sophistiquée que celle des autres serpents. Ils sont regroupés en 4 grandes familles. Aucune espèce n'a conservé de vestige de membres postérieurs, ni de ceinture pelvienne. Seul le poumon droit est fonctionnel, et souvent le gauche a même totalement disparu. Chez eux, pour la capture des proies, la constriction a cédé la place à une vitesse de déplacement accrue, ou même à l'injection d'un venin.

9e famille :

Les couleuvres.
On n'en compte pas moins de 1 562 espèces réunies en 292 genres. On les subdivise souvent en 6 sous-familles. D'apparences parfois très différentes, elles ont pourtant de nombreux points communs. Ce sont : **Les couleuvres communes** (*Lamprophiinae*), **les couleuvres néotropicales** (*Xenodontinae*), **les achrocortes** (*Acrochordinae*), **les serpents d'eau** et les **serpents-jarretières** (*Natricinae*), les couleuvres des genres **Elaphe** et **Coluber** (*Colubridae*), et enfin **les serpents des sables** (*Psammophiinae*).

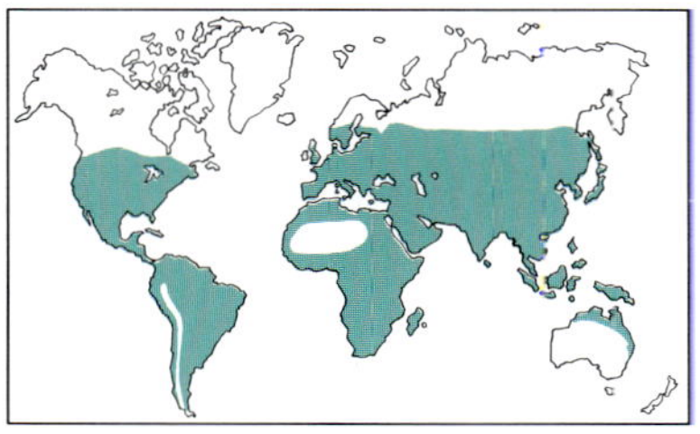

10e famille :

Les cobras et les serpents de mer (*Elapidae*).
Ils représentent 236 espèces de serpents. Ils sont répartis en 61 genres et divisés en deux groupes : les élapidés proprement dits (cobras, najas, serpents corail) et les serpents de mer.

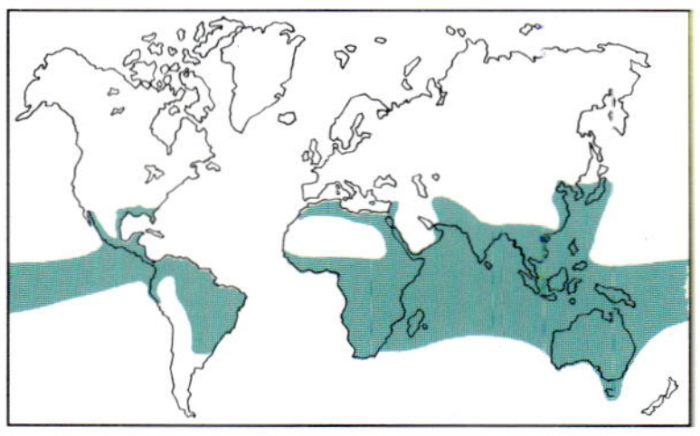

11e famille :

Les vipères (*Viperidae*).
Elles regroupent 45 espèces en 5 genres.
Terrestres pour la plupart, ces serpents ont un corps court et plutôt massif. Certaines espèces arboricoles possèdent une queue préhensile. Les vipères se mettent à l'affût pour guetter leurs proies, puis elles inoculent ensuite profondément le venin, grâce à des crochets hautement évolués. Ceux-ci peuvent se replier à l'intérieur de la bouche. Ils ne se déploient qu'au moment de frapper, tandis que de gros muscles spécialisés pressent les glandes pour expulser le venin. C'est la présence de ces muscles qui donnent aux vipères la forme de leur tête : large et triangulaire.

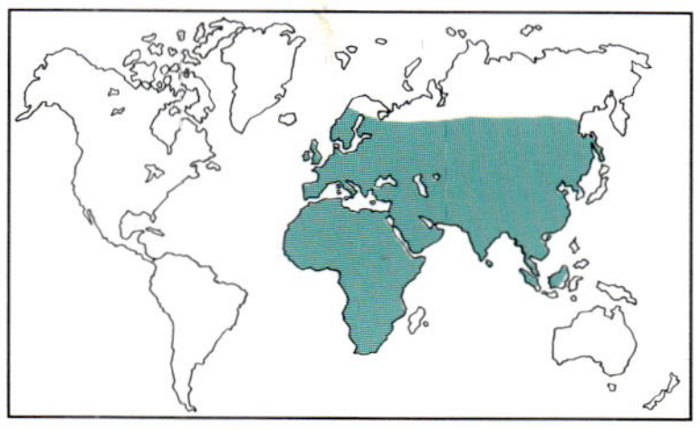

12e famille :

Les crotales, mocassins et fer de lance (*Crotalidae*).
Au nombre de 142 espèces regroupées en 12 genres, ces serpents sont extrêmement venimeux. On les trouve surtout en Amérique mais ils sont aussi présents en Europe occidentale et en Asie. Pour simplifier, on pourrait dire que ce sont les vipères du Nouveau Monde. D'ailleurs, on les classe parfois ensemble ! Mais de nombreux crotalidés, tout comme les pythons et les boas, possèdent des fossettes faciales sensibles à la chaleur ; une arme supplémentaire, pour des animaux déjà redoutables ! Ainsi, quand le crotale diamantin, un « serpent à sonnettes » se manifeste, mieux vaut ne pas prendre à la légère son avertissement. Son venin est très toxique.

VIPÈRE À FOSSETTES

Trimeresurus albolabris (▲)

Répartition : sud asiatique.
Habitat : principalement arboricole.
Taille : 60 cm à 90 cm.
Nocturne.

FAUX SERPENT-CORAIL

Anilius scytale (▲)

Répartition : nord-est de l'Amérique du Sud.
Habitat : terre meuble des forêts tropicales, sous les souches, les débris végétaux.
Taille : jusqu'à 90 cm.
Nocturne.

PYTHON INDIEN

Python molurus (▲)

Répartition : Inde, Asie du Sud-Est, Indonésie.

Habitat : jungles broussailleuses, forêts denses, mangroves d'estuaires.

Longueur : 5 à 6 m, exceptionnellement jusqu'à 10 m.
Nocturne.
Signe particulier : il est sacré dans de nombreux temples indiens. Pourtant, certaines tribus le mangent.
Protection : figure sur la liste CITES.

SERPENT LIANE

Ahaetulla nasutus (▲)

Répartition : Sud-Est asiatique.
Habitat : forêt (dans les arbres).
Taille : 80 cm à 1 m.
Diurne.
Signe particulier : comme celle de nombreux autres serpents arboricoles, sa couleur verte lui permet de se confondre avec le feuillage.

MAMBA VERT

Dendroaspis angusticeps (▲)

Répartition : est et sud de l'Afrique.
Habitat : savane, surtout dans les arbres.
Taille : 2 m.
Diurne/nocturne.

SERPENT RATIER

Ptyas mucosus (▲)

Répartition : Inde, Sud-Est asiatique, Sri Lanka.
Habitat : forêts, zones boisées, s'approche parfois aux abords des villages.
Taille : environ 2,50 m.
Diurne.
Signe particulier : très énergique et combatif, il se déplace vivement sur le sol, et peut aussi grimper facilement aux arbres.

PYTHON ROYAL

Python regius (▲)

Répartition : Afrique occidentale, surtout dans la zone soudanaise.
Habitat : savane arborée, buissons, herbes, jusqu'à la forêt humide.
Taille : 1,50 m à 2 m.
Nocturne.
Protection : figure sur la liste CITES.

SERPENT MANGEUR D'ESCARGOTS

Dipsas variegata (▲)

Répartition : Amérique tropicale.
Habitat : milieux humides, forêt tropicale, souvent dans les arbres.
Taille : jusqu'à 50 cm.
Nocturne.
Signe particulier : possède une mâchoire inférieure rigide, terminée par deux grands crochets recourbés qui servent à transpercer les escargots.

BOA ÉMERAUDE

Boa caninus (▲)

Répartition : Amérique du Sud (Guyane, Brésil et Bolivie).
Habitat : forêt dense pluvieuse.
Taille : 2 à 3 m.
Diurne/nocturne.
Protection : figure sur la liste CITES.

VIPÈRE DE RUSSELL

Vipera russelli (▲)

Répartition : Asie tropicale.
Habitat : campagnes découvertes, plantations de thé, de canne à sucre, jardins.
Taille : jusqu'à 1,60 m.
Nocturne, elle demeure toujours sur le qui-vive.
Signe particulier : lorsqu'elle est en colère, elle émet un soufflement très puissant, qui impressionne fortement l'adversaire ou l'imprudent !

SERPENT ARC-EN-CIEL

Xenopeltis unicolor (▲)

Répartition : Sud-Est de l'Asie.
Habitat : forêts.
Taille : 1 m.
Nocturne.
Signe particulier : son surnom provient des reflets irisés de la lumière sur son corps aux écailles très lisses, surtout après la mue.

BOOMSLANG

Dispholidus Typus (▲)

Répartition : de l'Afrique centrale à l'Afrique du Sud.
Habitat : savane (dans les arbres).
Taille : 1,20 m à 1,80 m.
Diurne.
Signe particulier : excellent grimpeur, il n'hésite pas à se jeter dans le vide en cas de danger, pour disparaître aussitôt dans un fourré.

COBRA ROYAL

Ophiophagus hannah (▲)

Répartition : Asie du Sud-Est, de l'Inde aux Philippines.
Habitat : forêt, souvent près de l'eau.
Taille : 4 m à 5,50 m, le record étant détenu par un spécimen de 5,60 m.
Diurne.

VIPÈRE DE SRI LANKA

Agkistrodon hypnale (▲)

Répartition : île de Sri Lanka.
Habitat : zones boisées, plantations.
Taille : 50 cm à 70 cm.
Diurne.
Signe particulier : lorsqu'elle est excitée, elle dresse l'extrémité de sa queue en la faisant vibrer.

UROPELTIS UNICOLOR

Uropeltis unicolor (▲)

Répartition : Inde et Sri Lanka exclusivement.
Habitat : forêts.
Taille : jusqu'à 30-35 cm.
Diurne et nocturne.
Signe particulier : fouisseur, il est actif de jour comme de nuit.

BOA ARC-EN-CIEL

Epicrates cenchria (▲)

Répartition : Amérique centrale et du Sud.
Habitat : cavités rocheuses, tas de pierres, plantations...
Taille : jusqu'à 3 m.
Diurne et nocturne.
Protection : figure sur la liste CITES.

SERPENT D'ARBRE

Boiga dendrophila (▲)

Répartition : Asie du Sud-Est, des Philippines à l'Indonésie.
Habitat : dans les arbres des forêts et des mangroves.
Taille : 2,50 m.
Diurne et nocturne.

PYTHON DE CALABAR

Calabaria reinhardti (▲)

Répartition : Afrique de l'Ouest.
Habitat : exclusivement forestier.
Taille : 90 cm à 1,10 m.
Nocturne.
Signe particulier : lorsqu'il est dérangé, il se roule en boule très compacte avec sa tête bien à l'intérieur.

SURUCUCÙ

ou Maître de la brousse

Lachesis muta (▲)

Répartition : Amérique du Sud, du sud du Nicaragua au bassin de l'Amazone.
Habitat : forêts denses.
Taille : 2,45 m à 3,50 m.
Nocturne.
Signe particulier : craintif, il se défend toutefois en attaquant, et possède un puissant venin.

BOA CONSTRICTEUR

Constrictor constrictor (▲)

Répartition : du Mexique au nord de l'Argentine, Antilles.
Habitat : forêts denses marécageuses, de préférence.
Taille : 4,50 m maximum.
Diurne et nocturne.
Protection : figure sur la liste CITES.

SERPENT MANGEUR D'ŒUFS

Dasypeltis scabra (▲)

Répartition : Afrique (sud et est du Sahara)
Habitat : zones boisées, broussailles, souvent dans les arbres.
Taille : 75 cm.
Nocturne.
Signe particulier : pas plus épais qu'un doigt humain, il est cependant capable d'élargir sa bouche suffisamment pour avaler un œuf entier !

VIPÈRE DU GABON

Bitis gabonica (▲)

Répartition : Afrique occidentale, du sud du Sahara à l'Afrique du Sud.
Habitat : forêts pluvieuses.
Taille : 1,20 m à 2 m.
Nocturne.
Signe particulier : C'est la plus grosse des vipères.

BONGARE ANNELÉ
ou Kraït

Bungarus fasciatus (▲)

Répartition : Asie tropicale ou orientale.
Habitat : forêt, plantations de thé ou d'hévéas.
Taille : 1,10 m à 1,50 m.
Nocturne.
Signe particulier : courageux et rapide la nuit, il devient très craintif le jour, s'enroulant sur lui-même en se laissant manipuler sans se défendre.

BONGARE BLEU

Bungarus caeruleus (▲)

Répartition : Asie du Sud-Est.
Habitat : forêt.
Taille : 1 m environ.
Nocturne.

VIPÈRE TACHETÉE À FOSSETTES

Trimeresurus venustus (▲)

Répartition : sud de la Thaïlande.
Habitat : forêts humides, parmi les buissons bas et les arbustes.
Taille : 70 cm.
Nocturne.
Signe particulier : serpent très rare.

NAJA

Naja naja (▲)

Répartition : Inde, Asie centrale et du Sud-Est.
Habitat : forêt dense pluvieuse, rizières, terres cultivées.
Taille : 1,80 m à 2,20 m.
Nocturne.
Signe particulier : lorsqu'il aplatit ses côtes, apparaissent les fameux dessins que nous comparons à des « lunettes ».

URUTU
ou Fer de lance

Botrops alternatus (▲)

Répartition : régions les plus chaudes des côtes sud-américaines, du Mexique à l'Argentine.
Habitat : zones côtières de basse altitude et forêts.
Taille : de 80 cm à 1,50 m.
Nocturne.

SERPENT VOLANT
ou Crysopélée

Chrysopelea ornata (▲)

Répartition : Asie du Sud-Est, des Philippines à l'Indonésie.
Habitat : forêts, dans les arbres.
Taille : jusqu'à 1,30 m.
Diurne.
Signe particulier : en écartant les côtes, il forme une sorte de « parachute » qui lui permet de planer jusqu'au sol.

ANACONDA

Eunectes murinus (▲)

Répartition : Amazonie, bassin de l'Orénoque, Guyanes.
Habitat : berges de fleuves, marécages d'eau douce.
Taille : jusqu'à 10 m et même plus.
Diurne et nocturne.
Signe particulier : c'est le plus grand serpent du Nouveau Monde. Il surpasse aussi la majorité des boïdés par le diamètre de son corps.
Protection : figure sur la liste CITES.

SERPENT D'EAU

Xenochropis piscator (▲)

Répartition : Asie du Sud-Est.
Habitat : dans les plaines, à proximité de l'eau ou dans l'eau ; souvent dans les rizières.
Taille : 1,20 m à 1,60 m.
Diurne.

SERPENT MARIN À QUEUE PLATE

Laticauda Laticaudata (▲)

Répartition : sud-est asiatique, Malaisie.
Habitat : mer dans les eaux côtières.
Taille : jusqu'à 1,50 m.
Diurne et nocturne.
Signe particulier : extrêmement évolué, il peut rester immergé jusqu'à huit heures sans respirer, et plonger jusqu'à 150 m pour capturer des poissons de fond.

COULEUVRE VIPÉRINE

Natrix maura (▲)

Répartition : sud-est de l'Europe, Afrique du Nord.
Habitat : eaux douces, marécages.
Taille : 60 cm, exceptionnellement plus.

COULEUVRE À COLLIER

Natrix natrix (▲)

Répartition : toute l'Europe, Afrique du Nord-Ouest, Asie de l'Ouest.
Habitat : endroits très humides (eau douce) : bord des mares, étangs, fossés, berges...
Taille : 80 cm à 1m, exceptionnellement jusqu'à 2 m.
Diurne.

ACROCHORTE DE JAVA

Acrochordus javanicus (▲)

Répartition : Inde, Asie du Sud-Est, Nouvelle-Guinée.
Habitat : cours d'eau douce et canaux.
Taille : 1,10 m à 1,85 m.
Nocturne surtout.
Signe particulier : grâce à ses écailles carénées, il est capable d'immobiliser les poissons.

SERPENT-JARRETIÈRE

Thamnophis marcianus (▲)

Répartition : sud du Canada, États-Unis.
Habitat : terrains très humides, marécages, bords de cours d'eau douce...
Taille : 45 cm à 1,30 m.
Diurne.

VIPÈRE DE LA MORT

Acantophis sp (▲)

Répartition : Australie.
Habitat : savanes et régions forestières.
Taille : 40 cm à 1 m.
Nocturne.
Signe particulier : très venimeuse.

NAJA BRUN

Naja oxiana (▲)

Répartition : Républiques méridionales de la CEI.
Habitat : steppes.
Taille : jusqu'à 1,50 m.
Diurne et nocturne.
Signe particulier : c'est le plus occidental des najas.

CROTALE DIAMANT

Crotalus atrox (▲)

Répartition : Amérique du Nord, du sud du Canada au Mexique.
Habitat : déserts, zones de broussailles.
Taille : 1,30 m à 1,80 m.
Nocturne.

VIPÈRE D'ORSINI

Vipera ursinii (▲)

Répartition : Europe de l'Ouest, Europe centrale, Asie centrale.
Habitat : endroits secs et herbeux, rocailles et buissons, pâturages d'altitude.
Taille : 35 à 50 cm, parfois jusqu'à 70 cm.
Diurne et crépusculaire.
Signe particulier : elle est menacée d'extinction dans certaines zones de son habitat.

VIPÈRE ASPIC

Vipera aspis (▲)

Répartition : Europe (France, Italie, Allemagne, Suisse, Sicile).
Habitat : biotopes secs et ensoleillés.
Taille : 70 à 75 cm.
Nocturne, elle chasse aussi au crépuscule.

VIPÈRE DU CAUCASE

Vipera kaznakoui (▲)

Répartition : du Caucase occidental à la mer Noire et nord-est de l'Anatolie.
Habitat : endroits où la végétation est abondante : alpages, forêts de montagne à sous-bois touffus.
Taille : 50 cm en moyenne, exceptionnellement 75 cm.
Nocturne.
Signe particulier : aime la chaleur et l'humidité.

TAÏPAN D'AUSTRALIE

Oxyuranus scutellatus (▲)

Répartition : Australie, Nouvelle-Guinée.
Habitat : terrains herbeux, zones forestières.
Taille : 2 m à 3,60 m.
Nocturne.

VIPÈRE D'EUROPE

Vipera berus (▲)

Répartition : Europe (de la Grande-Bretagne à la Sibérie).
Habitat : landes marécageuses, bruyères, dunes, lisières de bois et de champs.
Taille : jusqu'à 50 cm.
Nocturne.

COULEUVRE VERTE ET JAUNE

Coluber viridiflavus (▲)

Répartition : nord-est de l'Espagne, France et Suisse du sud, Italie.
Habitat : biotopes secs et ensoleillés, broussailles, haies.
Taille : 1,50 m, parfois jusqu'à 2 m dans le Sud.
Diurne.

COULEUVRE DE DAHL

Coluber najadum (▲)

Répartition : sud-est de l'Europe, sud-ouest de l'Asie.
Habitat : endroits secs et pierreux à végétation relativement dense, vieux murs, le long des sentiers, sur les talus.
Taille : 1 m environ, maximum : 1,40 m.
Diurne.
Signe particulier : se déplace très rapidement.

■ COULEUVRE À ÉCHELONS

Elaphe scalaris (▲)

Répartition : péninsule Ibérique, sud de la France, îles Baléares.
Habitat : endroits secs et ensoleillés.
Taille : 1 m, parfois 1,50 m.
Diurne et parfois nocturne quand il fait trop chaud.

■ COULEUVRE LÉOPARD

Elaphe situla (▲)

Répartition : sud-est de l'Europe.
Habitat : zones rocailleuses sèches, tas de pierres, éboulis, murs de pierres et lieux incultes à buissons clairsemés.
Taille : 1 m environ.
Diurne.
Signe particulier : c'est l'un des plus beaux serpents d'Europe.

■ SERPENT CRACHEUR

Naja nigricollis (▲)

Répartition : toute l'Afrique au sud du Sahara.
Habitat : savanes.
Taille : 1,20 m à 2,20 m ; exceptionnellement 2,80 m.
Nocturne.

COULEUVRE NAINE

Eirenis collaris (▲)

Répartition : Est de la Turquie, du Sud de la CEI au Nord de l'Iran.
Habitat : endroits secs, parfois en altitude.
Taille : 50 cm.
Nocturne.

COULEUVRE DE MONTPELLIER

Malpolon monspessulanus (▲)

Répartition : sud de l'Europe, sud des Balkans, Afrique du Nord, Asie mineure.
Habitat : très varié.
Taille : 1,70 m à 2 m, parfois 2,50 m dans les régions les plus chaudes.
Diurne.

TYPHLOPS VERMICULAIRE

Typhlops vermicularis (▲)

Répartition : sud des Balkans.
Habitat : dans des endroits ouverts et secs à végétation clairsemée, les sols sablonneux ou de rocaille sèche.
Taille : 30 à 35 cm.
Diurne et nocturne.
Signe particulier : ce serpent fouisseur est un grand consommateur de fourmis.

VIPÈRE DES SABLES

Vipera ammodytes (▲)

Répartition : Europe (Autriche, Hongrie, péninsule des Balkans).
Habitat : endroits ensoleillés, sablonneux ou recouverts de broussailles.
Taille : 75 à 100 cm.
Diurne.

VIPÈRE HEURTANTE

Bitis arietans (▲)

Répartition : Afrique (sud du Maroc, Sahel jusqu'à l'Afrique du Sud).
Habitat : savanes, jusqu'à 1 800 m d'altitude.
Taille : 1,40 m à 1,60 m.
Nocturne.

PYTHON TAPIS

Morelia argus (▲)

Répartition : Australie, Nouvelle-Guinée.
Habitat : forêts, végétation de buissons ou de broussailles.
Taille : 3,40 m.
Nocturne.
Protection : figure sur la liste CITES.

COULEUVRE COMMUNE D'AFRIQUE

Lamprophis fuliginosus (▲)

Répartition : toute l'Afrique au sud du Sahara.
Habitat : très varié, avec une préférence pour les herbes hautes.
Taille : de 60 à 90 cm, parfois jusqu'à 1,50 m.
Nocturne.

LEPTOTYPHLOPS DE L'OUEST

Leptotyphlops occidentalis (▲)

Répartition : Afrique du Sud, surtout en Namibie.
Habitat : savanes arides.
Taille : 18 à 20 cm.
Diurne et nocturne.

SERPENT DES PINS

Pituophis melanoleucas (▲)

Répartition : sud-ouest du Canada, États-Unis, Mexique.
Habitat : régions boisées sèches, herbages, déserts rocheux.
Taille : 1,25 m à 2,50 m.
Diurne, il devient nocturne par temps très chaud.
Signe particulier : à cause de l'écaille qu'il porte sur le nez, on le surnomme aussi « serpent taureau ».

CORONELLE

Coronella Austriaca (▲)

Répartition : Europe, CEI, Asie mineure.
Habitat : zones rocheuses sèches, bruyères, bois ouverts.
Taille : 60 à 70 cm.
Diurne.

SERPENT FOUET

Masticophis flagellum (▲)

Répartition : moitié sud des États-Unis, jusqu'au Mexique méridional.
Habitat : déserts, prairies, broussailles, bois et terres cultivées.
Taille : 100 à 150 cm.
Diurne.

VIPÈRE DE RADDE

Daboia raddei (▲)

Répartition : Arménie, nord-ouest de l'Iran.
Habitat : chênaies claires, buissons et pentes rocheuses.
Taille : 90 cm environ et jusqu'à 1,10 m.
Diurne et nocturne.
Signe particulier : espèce essentiellement montagnarde.

VIPÈRE DE L'HALYS

Agkistrodon halys (▲)

Répartition : bassin de la mer Caspienne, sud de la CEI, Chine.
Habitat : steppes, semi-déserts, taïgas (forêts de conifères).
Taille : 45 à 75 cm.
Nocturne.
Signe particulier : La vipère de l'Halys est le seul crotale que l'on trouve en Europe.

TÊTE CUIVRÉE

Agkistrodon contortrix (▲)

Répartition : majeure partie des États-Unis, Canada.
Habitat : collines boisées, zones rocheuses, canyons, et parfois en altitude jusqu'à 1 500 m.
Taille : 60 cm à 1,40 m.
Nocturne, surtout en saison chaude.

BOA ROSE

Lichanura trivirgata (▲)

Répartition : sud-ouest des États-Unis, nord-ouest du Mexique.
Habitat : broussailles et déserts, canyons rocheux, versants bas des montagnes.
Taille : 60 cm à 1,05 m.
Nocturne surtout.
Signe particulier : très placide et très doux, ce serpent se laisse manipuler.
Protection : figure sur la liste CITES.

■ COULEUVRE À CAPUCHON

Macroprotodon cucullatus (▲)

Répartition : Afrique du Nord, péninsule Ibérique, îles Baléares.
Habitat : biotopes secs et chauds, régions sableuses ou broussailleuses, forêts ouvertes, endroits rocheux.
Taille : 45 à 50 cm ; exceptionnellement 55 à 65 cm.
Nocturne.
Signe particulier : son cou porte un collier noirâtre qui peut atteindre le sommet de la tête, formant une sorte de capuchon. C'est ce qui lui a valu son nom.

■ SERPENT CHAT

Telescopus fallax (▲)

Répartition : Yougoslavie, Grèce, Moyen-Orient.
Habitat : endroits secs et ensoleillés.
Taille : 70 cm.
Nocturne.

■ SERPENT À COLLIER

Diadophis amabilis (▲)

Répartition : Amérique du Nord.
Habitat : zones herbeuses, souvent dissimulé dans les débris végétaux, les tas de pierres.
Taille : 50 cm au maximum.
Nocturne.

BOA DES SABLES

Eryx jaculus (▲)

Répartition : Balkans, Grèce, Asie mineure et Afrique du Nord.
Habitat : régions sèches ou semi-désertiques, sur un sol de terre meuble ou de sable.
Taille : 80 cm maximum.
Nocturne surtout.
Signe particulier : il passe sa vie enfoui dans le sable, n'émergeant que le matin ou le soir pour aller chercher sa nourriture.
Protection : figure sur la liste CITES.

VIPÈRE DE L'ERG

Cerastes vipera (▲)

Répartition : Sahara et régions voisines.
Habitat : zones arides, dans le sable mouvant des déserts.
Taille : 60 cm à 80 cm.
Nocturne, elle est active au crépuscule.
Signe particulier : lorsqu'elle est inquiète, elle disparaît dans le sable avec une rapidité stupéfiante.

SERPENT DES SABLES

Psammophis schokari (▲)

Répartition : régions sahariennes et Moyen-Orient.
Habitat : zones arides et semi-arides.
Taille : 80 cm à 1 m.
Diurne.
Signe particulier : utilise les sécrétions de ses glandes nasales pour enduire son corps et le rendre plus imperméable, se protégeant ainsi de la chaleur.

SERPENT ROI

Lampropeltis getulus (▲)

Répartition : Amérique du Nord.
Habitat : forêts, zones boisées, déserts, prairies, marais.
Taille : 90 cm à 2 m.
Diurne.

DIAMANTIN ROUGE

Crotalus ruber (▲)

Répartition : sud-ouest de la Californie, Mexique (basse Californie).
Habitat : zones rocheuses à végétation buissonnante, éboulis, terrains accidentés.
Taille : 1 m à 1,50 m, maximum : 1,62 m.
Nocturne.
Signe particulier : animal de nature très calme.

COULEUVRE DIADÈME

Lythorynchus diadema (▲)

Répartition : désert du Sahara, de la Mauritanie méridionale au Sinaï.
Habitat : désert. Elle est le plus souvent enterrée dans le sable.
Taille : 45 cm.
Nocturne.
Signe particulier : son écaille rostrale très développée constitue un outil précieux pour s'enfouir.

SERPENT À TÊTE NOIRE

Tantilla planiceps (▲)

Répartition : côte ouest des États-Unis, Mexique.
Habitat : régions arides et semi-arides, en altitude jusqu'à 1 500 m.
Taille : de 20 à 40 cm.
Nocturne.

COULEUVRE ÉLANCÉE

Spalerosophis diadema (▲)

Répartition : régions sahariennes et Moyen-Orient.
Habitat : zones arides et semi-arides.
Taille : entre 1,20 m et 1,50 m.
Diurne.
Signe particulier : ce serpent très discret se tient souvent à proximité d'un endroit où il peut se cacher (buissons, amas rocheux...).

SERPENT-CORAIL

Micrurus fulvius (▲)

Répartition : États-Unis (Arizona et Nouveau-Mexique), nord du Mexique.
Habitat : zones arides.
Taille : 50 cm à 1,20 m.
Nocturne.
Signe particulier : ce nom s'applique à plusieurs espèces, toutes caractérisées par ces splendides anneaux de couleur, et toutes très venimeuses...

■ BOA RUGUEUX

Eryx conicus (▲)

Répartition : péninsule indienne
Habitat : sables des déserts, steppes.
Taille : de 60 à 90 cm.
Nocturne.
Signe particulier : comme les autres membres du genre Eryx, il ne peut enrouler sa queue trop rigide.
Protection : figure sur la liste CITES.

■ VIPÈRE DES PYRAMIDES

Echis leucogaster (▲)

Répartition : très largement distribuée, de Sri Lanka à la côte Atlantique du Sahara.
Habitat : régions sablonneuses et arides.
Taille : 53 cm à 72 cm.
Nocturne.
Signe particulier : elle possède un venin extrêmement toxique.

■ CROTALE CORNU

Crotalus cerastes (▲)

Répartition : sud-ouest des États-Unis.
Habitat : désert, collines rocheuses.
Taille : 45 cm à 80 cm.
Nocturne essentiellement.

■ SERPENT DE LA NUIT

Hipsiglena torquata (▲)

Répartition : Nouveau Monde.
Habitat : aride et semi-aride.
Taille : 50 cm à 60 cm.
Nocturne.

Index

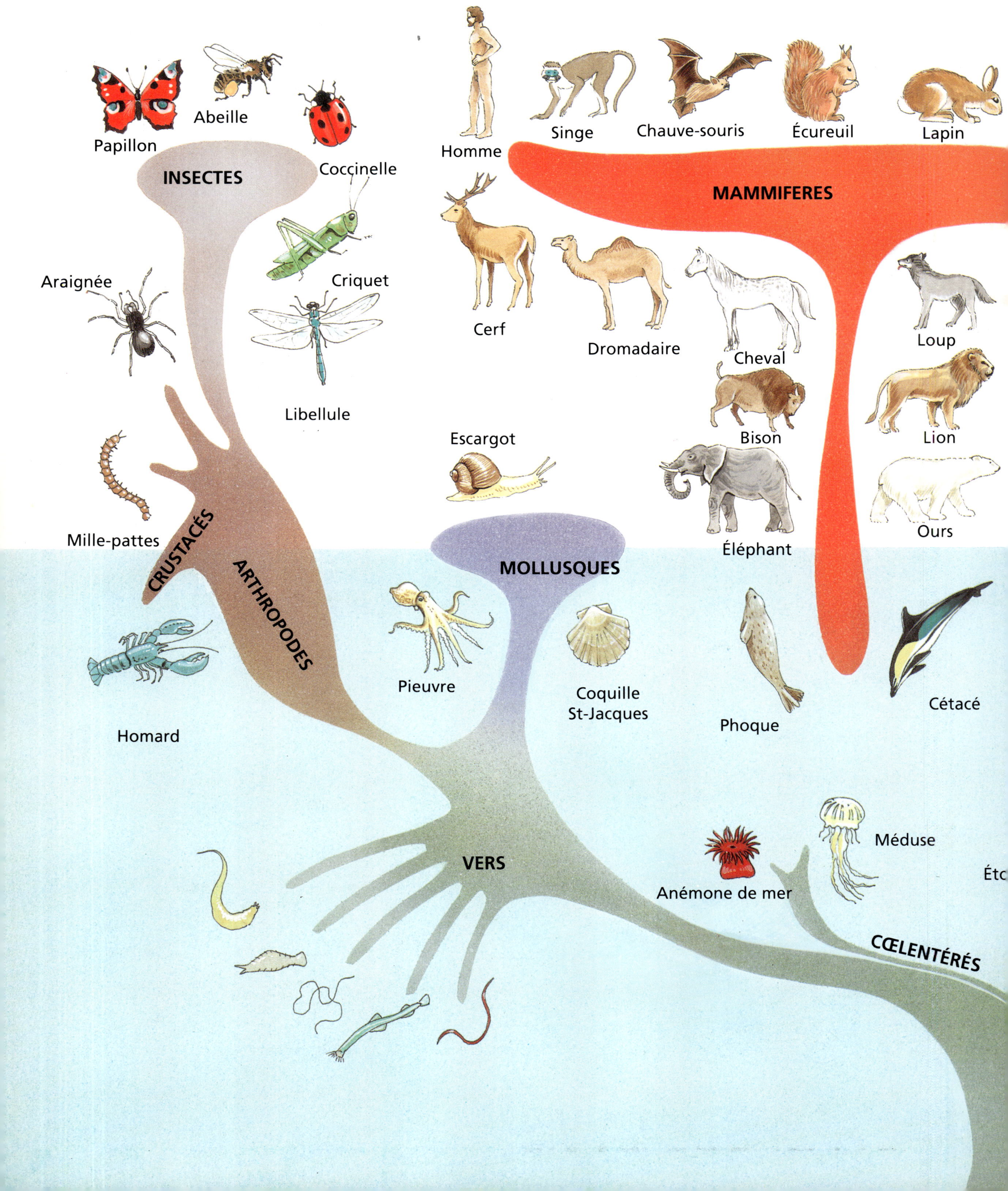

Papillon
Abeille
Coccinelle
INSECTES
Criquet
Araignée
Libellule
Mille-pattes
CRUSTACÉS
ARTHROPODES
Homard
Homme
Singe
Chauve-souris
Écureuil
Lapin
MAMMIFERES
Cerf
Dromadaire
Cheval
Loup
Bison
Lion
Escargot
Éléphant
Ours
MOLLUSQUES
Pieuvre
Coquille
St-Jacques
Phoque
Cétacé
VERS
Anémone de mer
Méduse
Etc
CŒLENTÉRÉS